Tartares

Lucia Pantaleoni

Photographies Éric Fénot

Stylisme Delphine Brunet

SOLAR
EDITIONS

Si vous souhaitez recevoir notre catalogue et être tenu au courant
de nos publications, envoyez-nous vos nom et adresse, en citant
ce livre et en précisant les domaines qui vous intéressent.

Éditions SOLAR
12, avenue d'Italie
75013 Paris

Internet : www.solar.fr

Direction littéraire : Corinne Cesano
Édition : Delphine Depras
Responsable artistique : Vu Thi
Graphisme : Julia Philipps
Collaboratrice éditoriale : Magali Marquet
Mise en pages : Chantal Guézet. Encre Blanche
Photogravure : Point 4

place
des
éditeurs

ISBN : 978-2-263-04714-5

Code éditeur : S04714

Dépôt légal : avril 2009

Imprimé en France par Pollina - n° L49990

Sommaire

Introduction

Le choix de la matière première

Un bon tartare commence par le choix de la matière première qui doit être... impeccable.

• Les légumes et les fruits doivent être fermes et croquants.

• Choisissez toujours du poisson extra frais. Une méthode pour contrôler la fraîcheur du produit est de choisir un poisson entier et de faire lever les filets par votre poissonnier.

• La viande doit être rouge vif, s'il s'agit de bœuf, et hachée sous vos yeux. Des éventuelles taches sombres ne sont jamais un bon signe, car cela signifie que la viande n'a pas été fraîchement coupée.

• Consommez la viande et le poisson crus le jour même de l'achat. Durant le temps de repos de la recette, gardez les produits au réfrigérateur.

Le matériel

Quelques ustensiles de cuisine sont nécessaires pour préparer un tartare. Ce sont :

• Un couteau bien aiguisé.

• Une pince à épiler pour enlever d'éventuelles arêtes de poisson.

• Une planche à découper en bois.

• Des cercles et quelques verres pour varier vos présentations.

Le savez-vous ?

L'appellation « à la tartare » qualifiait à l'origine des mets panés et grillés, servis avec une sauce très relevée. Aujourd'hui, le qualificatif « tartare » s'applique surtout à une sauce et à un plat de viande ou de poisson cru.

Tartare de légumes au curry

Pour 4 personnes

3 petites courgettes très fraîches

2 petites carottes très fraîches

2 oignons rouges

1 cuill. à café de curry

1 cuill. à soupe
de vinaigre de cidre

3 cuill. à soupe d'huile
de pépins de raisin

Sel

Ce tartare de légumes sera parfait avec un tartare de viande simplement assaisonné avec de la moutarde, de l'huile, du sel et du Tabasco®.

• Lavez les courgettes, ôtez-en les extrémités et coupez-les en petits dés ; réservez.

• Pelez les oignons et coupez-les en petits dés ; réservez.

• Lavez et grattez les carottes et coupez-les en petits dés.

• Versez tous les légumes dans un bol et assaisonnez avec l'huile, le vinaigre, le curry et du sel.

• Servez aussitôt.

Tartare de tomates, avocat sauce pistou

Pour 4 personnes

6 tomates

2 avocats

2 échalotes

1 poignée de pignons de pin

4 cuill. à soupe d'huile d'olive vierge extra

Le jus de 1/2 citron jaune

Sel de Guérande et poivre du moulin

4 cuill. à café de sauce pistou légère (recette p. 62)

Les pignons grillés agrémentent délicieusement ce tartare au parfum méditerranéen.

● Lavez, puis plongez les tomates dans de l'eau frémissante pendant quelques minutes.

● Égouttez-les, pelez-les, et coupez-les en deux. Ôtez les graines, puis découpez en tout petits cubes. Égouttez-les dans une passoire pendant 30 minutes.

● Pelez et coupez les échalotes en petits morceaux ; réservez.

● Pelez et dénoyautez les avocats, coupez-les en très petits cubes, arrosez-les de jus de citron et réservez.

● Faites griller au four les pignons jusqu'à ce qu'ils soient dorés.

● Mélangez dans un saladier les échalotes, les tomates, les pignons et l'avocat avec l'huile, du sel et du poivre.

● Répartissez le mélange dans 4 verres, que vous laisserez 1 heure au réfrigérateur.

● Au moment de servir, ajoutez la sauce au pistou sur chaque portion de tartare.

Tartare de cèpes au vinaigre balsamique

Pour 4 personnes

400 g de cèpes frais

1 oignon nouveau moyen

1 botte de persil plat

4 poignées de roquette

4 cuill. à soupe d'huile d'olive vierge extra

1/2 cuill. à soupe de vinaigre balsamique

Fleur de sel et poivre du moulin

Vous pouvez accompagner ce tartare de jambon San Daniele sur des tranches de pain de campagne à peine grillées.

- Grattez le pied des cèpes avec une brosse à poils durs, frottez le chapeau à l'aide d'un torchon humidifié et coupez-les en tout petits dés ; réservez.

- Lavez et hachez le persil ; pelez et hachez l'oignon nouveau.

- Lavez et essorez la roquette.

- Assaisonnez dans un saladier les cèpes avec le persil, l'oignon, du sel, du poivre et 2 cuillerées d'huile d'olive.

- Montez le tartare de cèpes dans 4 cercles ; réservez.

- Assaisonnez la roquette avec l'huile restante, le vinaigre balsamique, du poivre et du sel.

- Dressez le tartare de cèpes et la salade de roquette sur 4 assiettes.

Conseil : pour éviter que vos cèpes ne se gorgent d'eau, ne les lavez jamais sous l'eau.

Grand mélange de légumes aux herbes aromatiques

Pour 4 personnes

50 g de céleri branche

1 concombre

2 poivrons jaunes

16 tomates cerises

1 citron

1 échalote

1 bouquet de persil plat

1/2 bouquet de coriandre

1 branche de menthe

4 cuill. à soupe d'huile d'olive vierge extra

Sel de Guérande

Poivre du moulin

Ce tartare se marie à merveille avec du chèvre frais.

• Pelez le concombre, lavez les tomates, le céleri branche et les poivrons.

• Lavez et essuyez la menthe, le persil et la coriandre ; réservez.

• Pressez le citron ; réservez.

• Coupez en tout petits dés le céleri, le concombre, l'échalote et les poivrons.

• Coupez les tomates en quatre, retirez les pépins et coupez la chair en petits dés.

• Ciselez la menthe.

• Mélangez dans un saladier tous les légumes, la menthe, la moitié de l'huile, du sel et du poivre.

• Mixez les feuilles de persil et de coriandre avec le citron, l'huile restante, une pincée de sel et du poivre.

• Divisez le tartare en portions, assaisonnez avec le coulis d'herbes aromatiques et servez.

Tartare de tomates à la fleur de sel

Pour 4 personnes

2 tomates rouges

4 tomates jaunes

4 petits oignons rouges bien frais

15 olives vertes dénoyautées de très bonne qualité

8 brins de coriandre fraîche

1 cuill. à soupe de vinaigre balsamique

4 cuill. à soupe d'huile d'olive vierge extra

Sel de Guérande et sel fin

Cette recette à la fois raffinée et savoureuse ravira vos convives.

• Lavez et coupez en deux les tomates rouges, épépinez-les et coupez la chair en petits dés. Salez légèrement avec du sel fin et laissez-les égoutter.

• Pelez et coupez en petits dés les oignons ; réservez.

• Lavez les tomates jaunes, coupez-les aux deux tiers, creusez-les, retirez les pépins et salez très légèrement. Renversez-les pour qu'elles rendent leur eau.

• Versez l'huile dans un bol, ajoutez le vinaigre et fouettez avec une fourchette.

• Lavez et mixez la coriandre. Coupez les olives en tout petits dés.

• Mélangez la coriandre avec une pincée de sel de Guérande.

• Ajoutez à l'huile émulsionnée les olives, les cubes de tomate et ceux d'oignon ; mélangez.

• Disposez le tartare dans les tomates creusées, ajoutez la coriandre au sel et servez.

Tartare aux fruits exotiques

Pour 4 personnes

2 kiwis

1 ananas

1 mangue

2 fruits de la Passion bien mûrs

1 cuill. à café de sucre roux

5 feuilles moyennes de menthe fraîche

Pour une touche encore plus exotique, vous pouvez également ajouter à cette recette deux cuillerées de rhum.

- Lavez et hachez les feuilles de menthe ; réservez.

- Pelez l'ananas, la mangue, les kiwis, et coupez-les en petits dés. Versez les fruits dans un saladier.

- Coupez en deux les fruits de la Passion, ôtez la pulpe à l'aide d'une cuillère et ajoutez-la aux autres fruits avec la menthe et le sucre.

- Mélangez bien et laissez au réfrigérateur pendant 1 heure environ.

- Servez le tartare en portions.

Conseil : les fruits de la Passion se consomment bien mûrs. Ils sont alors plissés.

Tartare d'ananas au citron vert et au gingembre

Pour 4 personnes

1 ananas

2 citrons verts

2 cm de racine de gingembre

4 kumquats

1 gousse de vanille

80 g de sucre roux

8 feuilles de menthe

Le kumquat, appelé aussi « citronnier du Japon », est le plus petit des agrumes. De forme ronde ou ovale, avec une écorce très mince, il a une chair juteuse. Il est acidulé mais souvent amer.

- Pelez et râpez le gingembre ; réservez.

- Lavez et coupez les kumquats en quartiers.

- Lavez les citrons et prélevez le zeste ; pressez les citrons.

- Coupez le zeste en lanières très fines ; réservez.

- Découpez 4 tranches de 1 cm d'épaisseur environ dans la partie la plus large de l'ananas.

- Découpez l'intérieur des tranches de façon à obtenir 4 cylindres qui vous serviront pour présenter le dessert ; coupez la chair en petits dés.

- Pelez le reste de l'ananas et coupez-le en petits cubes.

- Mettez les cubes d'ananas dans un saladier, ajoutez la menthe, le sucre, les graines de vanille prélevées dans la gousse, le jus et le zeste des citrons.

- Répartissez le tartare dans les cylindres d'ananas, décorez avec le kumquat et servez.

Tartare de fruits rouges au sabayon

Pour 4 personnes

600 g de fraises

3 jaunes d'œufs

3 cuill. à soupe de sucre blanc

6 demi-coquilles d'œufs de marsala aux œufs

C'est une façon simple et délicieuse d'agrémenter les fraises.

• Lavez les fraises et enlevez les queues. Séchez-les soigneusement, coupez-les en deux puis en dés, versez dans un bol ; réservez.

• Mettez les jaunes d'œufs dans une casserole et ajoutez le sucre. Fouettez pendant quelques minutes jusqu'à ce que la crème soit gonflée et de couleur claire.

• Ajoutez alors le marsala et faites cuire le sabayon au bain-marie, toujours en fouettant.

• Quand la préparation commence à épaissir, battez énergiquement.

• Disposez les fraises dans 4 ramequins, ajoutez le sabayon et servez.

Tartare d'abricots au sirop de romarin et aux pistaches

Pour 4 personnes

1 kg d'abricots frais bien mûrs

150 g de sucre blanc

1 branche de romarin frais

50 g de pistaches décortiquées, non salées

Le mariage abricots-romarin vaut le détour : vos convives en seront ravis !

• Lavez et essuyez la branche de romarin ; réservez.

• Faites chauffer 15 cl d'eau dans une casserole avec le sucre ; faites bouillir jusqu'à ce que le mélange devienne sirupeux.

• Éteignez le feu, ajoutez la branche de romarin entière et laissez refroidir.

• Faites dorer au gril les pistaches.

• Laissez-les partiellement refroidir, frottez-les entre vos mains pour enlever la peau, puis concassez-les grossièrement ; réservez.

• Lavez, coupez en deux et dénoyautez les abricots, puis coupez-les en morceaux et mettez-les dans un saladier ; réservez.

• Enlevez la branche de romarin du sirop ; versez le sirop au romarin sur les abricots et décorez avec les pistaches.

Tartare d'espadon et crevettes

Pour 4 personnes

300 g d'espadon

12 grosses crevettes roses crues

1 œuf

6 cornichons au vinaigre

1 $\frac{1}{2}$ cuill. à café de cognac

1 $\frac{1}{2}$ cuill. à café
de poivre rose

1 cuill. à soupe de vinaigre
de pomme

3 brins de thym

3 cuill. à soupe d'huile d'olive
vierge extra

Quelques gouttes de Tabasco®

Quelques gouttes de sauce
Worcestershire

Sel

Cette recette est délicatement parfumée.
Vous pouvez remplacer les crevettes
par de petites langoustines.

• Mettez l'œuf dans une petite casserole remplie d'eau froide et faites-le cuire 5 minutes à partir de l'ébullition.

• Lavez les feuilles de thym et réservez.

• Éliminez la peau et éventuellement les parties sombres du poisson, et coupez-le en petits dés ; réservez.

• Décortiquez les crevettes, éliminez l'intestin en tirant légèrement sur le fil noir, rincez-les sous l'eau, essuyez et coupez en petits dés ; réservez.

• Mettez l'œuf sous l'eau froide, enlevez la coquille et coupez-le en deux.

• Éliminez le blanc et passez le jaune au mixer avec le vinaigre, le cognac, du sel, les cornichons, le poivre rose, le thym, l'huile, quelques gouttes de sauce Worcestershire et de Tabasco®.

• Versez la sauce sur l'espadon et les crevettes, mélangez intimement et réservez au réfrigérateur pendant au moins 30 minutes.

• Sortez le tartare d'espadon et crevettes du réfrigérateur, laissez-le à température ambiante pendant une dizaine de minutes et servez en portions.

Saint-jacques aux fruits de la Passion et gingembre

Pour 4 personnes

500 g de noix de saint-jacques

3 fruits de la Passion

1 cuill. à café de gingembre en poudre

1 citron

4 cuill. à soupe d'huile d'olive vierge extra

1 bouquet de ciboulette

Sel et poivre du moulin

C'est une recette dépaysante, avec ce parfum irremplaçable des fruits de la Passion. Vous pourrez utiliser le corail pour faire des spaghetti avec de l'huile d'olive, de l'ail, des anchois fondus et les coraux juste sautés.

- Lavez et hachez la ciboulette ; réservez.

- Pressez le citron et réservez.

- Ôtez le corail et coupez les noix en petits dés ; réservez dans un saladier.

- Coupez en deux les fruits de la Passion et extrayez la pulpe que vous mélangerez dans un saladier avec le gingembre, l'huile, le jus de citron, du sel et du poivre.

- Versez la sauce sur les noix de saint-jacques et mettez au réfrigérateur pendant au moins 30 minutes.

- Sortez les saint-jacques du réfrigérateur, laissez-les à température ambiante pendant une dizaine de minutes. Parsemez de ciboulette et servez en portions.

Thon à la méditerranéenne

Pour 4 personnes

500 g de thon très frais

2 échalotes

1 citron

130 g d'olives vertes

6 cm de pâte d'anchois

3 cuill. à soupe de câpres au sel

4 cuill. à soupe d'huile d'olive vierge extra

Sel et poivre du moulin

Les câpres au sel ont un goût plus prononcé que celles au vinaigre. C'est pour cette raison qu'une petite quantité est suffisante.

• Dessalez partiellement les câpres dans l'eau pendant 10 minutes, hachez-les grossièrement et réservez.

• Coupez le thon en petits dés et mettez-le dans un saladier ; réservez.

• Dénoyautez les olives, coupez-les en petits dés ; réservez.

• Pelez et hachez les échalotes ; pressez le citron.

• Ajoutez au thon les câpres, les olives, les échalotes, le jus de citron, l'huile, la pâte d'anchois, le sel, le poivre et mélangez intimement.

• Laissez au réfrigérateur pendant au moins 30 minutes.

• Sortez le thon du réfrigérateur, laissez-le à température ambiante pendant une dizaine de minutes et servez en portions.

Conseil : il est important de ne pas trop dessaler les câpres afin qu'elles ne perdent pas leur goût si particulier.

Bar aux légumes printaniers et piment d'Espelette

Pour 4 personnes

500 g de filet de bar

150 g de carotte

150 g de courgette

1 échalote

1 citron

50 g de poivron jaune

50 g d'oignon nouveau

50 g de céleri branche

2 pincées de piment d'Espelette

4 cuill. à soupe d'huile d'olive vierge extra

Sel

De préférence, choisissez des carottes et des courgettes de très petite taille : elles sont meilleures, en particulier crues.

- Pressez le citron ; réservez.

- Pelez l'oignon et l'échalote. Coupez le poivron en enlevant graines et filaments.

- Enlevez les deux extrémités des carottes et des courgettes ; épluchez les carottes.

- Coupez l'oignon, les carottes, les courgettes, le céleri et le poivron en dés minuscules ; réservez.

- Coupez le bar en petits dés et mélangez avec les légumes ; réservez.

- Mixez l'huile avec le jus de citron, l'échalote, le piment et du sel.

- Déposez sur les assiettes de service le poisson et les légumes, arrosez avec la sauce et servez.

Thon aux légumes croquants

Pour 4 personnes

400 g de filet de thon

300 g de carotte

200 g de courgette

1 petite botte de radis rouges

2 cm de racine de gingembre frais

2 citrons

1 poignée de roquette

4 cuill. à soupe d'huile d'olive vierge extra

Sel et poivre du moulin

Vous pouvez accompagner ce tartare d'une salade de mâche assaisonnée avec du vinaigre balsamique.

• Pressez les citrons ; réservez.

• Coupez les filets de thon au couteau, et assaisonnez-les avec le jus d'un citron et la moitié de l'huile ; réservez.

• Grattez les carottes ; lavez et coupez les extrémités des courgettes et des radis.

• Coupez tous les légumes en dés minuscules ; réservez.

• Pelez la racine de gingembre ; réservez.

• Lavez et essuyez la roquette, puis mixez-la avec la racine de gingembre, le jus de citron et l'huile restants, du sel et du poivre ; vous obtiendrez une sauce fluide.

• Assaisonnez le thon et les légumes avec la sauce en mélangeant intimement.

• Divisez le tartare en portions et mettez-le au réfrigérateur pendant 1 heure.

• Sortez-le du réfrigérateur, laissez-le à température ambiante pendant une dizaine de minutes et servez.

Langoustines au fenouil

Pour 4 personnes

15 langoustines fraîches

1 gros fenouil

1 citron

1 bouquet de basilic

4 cuill. à soupe d'huile d'olive vierge extra

3 poignées de mâche

Sel de Guérande et poivre du moulin

C'est une recette idéale en hors-d'œuvre dans le cadre d'un repas raffiné.

- Pressez le citron ; réservez.

- Nettoyez le fenouil et coupez-le en petits dés ; réservez.

- Lavez et hachez les feuilles de basilic ; réservez.

- Lavez la mâche et ôtez les racines.

- Ôtez la tête et la carapace des langoustines ; ôtez l'intestin en tirant délicatement sur le fil noir.

- Coupez les queues des langoustines en petits dés, mettez-les dans une assiette avec le jus de citron, du poivre et du sel, et mélangez.

- Recouvrez d'un film transparent et placez au réfrigérateur pendant 1 heure environ.

- Mettez sur une assiette de service la mâche, puis les langoustines égouttées (ne jetez pas le jus) et le fenouil.

- Mixez l'huile avec 4 cuillerées du jus des langoustines, ajoutez le basilic.

- Assaisonnez les légumes et les langoustines avec la sauce et servez.

Conseil : si vous avez le temps, hachez les feuilles de basilic avec un couteau épais plutôt qu'au mixer : il gardera tout son parfum !

Tartare de daurade, tomates cerises et thym

Pour 4 personnes

500 g de filet de daurade

12 tomates cerises

1 oignon nouveau

1 citron

2 cuill. à soupe d'olives noires dénoyautées (taggiasche, pitchoules ou lucques)

3 brins de thym

4 cuill. à soupe d'huile d'olive vierge extra

Sel de Guérande et poivre du moulin

Les olives « taggiasche » sont cultivées dans la région de la Ligurie, principalement sur des terrains calcaires. Elles sont petites et douces. En Italie, on en produit une huile très délicate.

- Coupez le filet de daurade en petits dés, pressez le citron ; réservez.

- Lavez, essuyez et coupez en quatre les tomates cerises ; réservez.

- Lavez les feuilles de thym ; réservez.

- Coupez en deux les olives ; réservez.

- Pelez l'oignon et émincez-le finement.

- Assaisonnez la daurade avec les feuilles de thym, du poivre et du sel.

- Divisez le tartare en portions, arrosez avec le jus de citron, puis, sur chaque portion, répartissez l'oignon, les olives et les tomates.

- Ajoutez l'huile d'olive et servez.

Saumon, sésame grillé, citron vert

Pour 4 personnes

500 g de filet de saumon

1 citron vert moyen

1 ½ cuill. à café de sauce soja

1 ½ cuill. à café d'huile de sésame

1 cuill. à soupe d'huile de pépins de raisin

1 cuill. à soupe rase de sésame grillé

Sel

Poivre noir et baies roses du moulin

Vous pouvez également servir cet appétissant tartare en guise de hors-d'œuvre. Dans ce cas, 350 g de saumon seront suffisants.

• Pressez le citron vert ; réservez.

• Enlevez la peau du saumon, les arêtes éventuelles, coupez en petits dés et mettez dans un saladier.

• Assaisonnez le saumon avec le jus de citron, la sauce soja, l'huile de sésame, l'huile de pépins de raisin, du sel, du poivre et des baies roses.

• Divisez le tartare en portions et laissez-le mariner pendant 1 heure au réfrigérateur.

• Sortez le tartare du réfrigérateur, laissez-le à température ambiante pendant une dizaine de minutes, parsemez de sésame grillé, mélangez et servez.

Tartare de saumon et lotte

Pour 4 personnes

350 g de filet de saumon

200 g de lotte (poids net)

1 citron vert

1/2 bouquet de ciboulette

1 oignon rouge moyen

1 petit poivron rouge

2 cuill. à soupe de câpres au sel

Quelques gouttes de Tabasco®

4 cuill. à soupe d'huile d'olive vierge extra

Sel et poivre du moulin

Choisissez de préférence du saumon sauvage, qui est bien plus maigre que celui d'élevage.

• Dessalez partiellement les câpres dans l'eau froide pendant 5 minutes environ.

• Pressez le citron ; réservez.

• Enlevez la peau du saumon, les arêtes éventuelles à l'aide d'une pince à épiler et coupez-le en petits dés ainsi que la lotte ; mettez les dés de poisson dans un saladier et réservez.

• Lavez la ciboulette, pelez l'oignon, enlevez les graines et les filaments du poivron.

• Hachez la ciboulette et l'oignon, et coupez le poivron en tout petits morceaux ; réservez.

• Ajoutez aux dés de poisson le jus de citron, l'huile, du sel, du poivre, l'oignon, la ciboulette, le poivron, les câpres et le Tabasco®.

• Dressez à l'aide d'un cercle, puis mettez au réfrigérateur pendant 1 heure.

• Sortez le tartare du réfrigérateur, laissez-le à température ambiante pendant une dizaine de minutes et servez.

Conseil : vous pouvez également faire mariner pendant 1 heure environ les deux poissons avec l'huile et le citron.

Tartare d'écrevisses et avocat

Pour 4 personnes

400 g d'écrevisse crues (poids net)

Le jus de 1/2 citron

1/2 bouquet de coriandre

2 avocats

1 petit oignon rouge

1 belle botte de persil plat

Quelques gouttes de Tabasco®

4 cuill. à soupe d'huile d'olive vierge extra

Sel et poivre du moulin

Ce tartare simple vous permettra d'apprécier pleinement la saveur délicate des écrevisses.

• Pelez les avocats et coupez-les en petits dés. Arrosez-les avec le jus de citron pour qu'ils ne noircissent pas et réservez.

• Lavez et hachez les feuilles de persil et de coriandre ; réservez.

• Pelez et hachez l'oignon rouge.

• Nettoyez les écrevisses, coupez les queues en petits dés et assaisonnez-les avec l'oignon, le persil, la coriandre, le Tabasco®, l'huile, le poivre et le sel.

• Montez le tartare dans 4 cercles en tassant d'abord l'avocat au fond des cercles, puis les écrevisses.

• Mettez au réfrigérateur pendant au moins 30 minutes.

• Sortez-le du réfrigérateur, laissez-le à température ambiante pendant une dizaine de minutes et servez.

Le tartare classique

Pour 4 personnes

600 g de viande de bœuf coupée au couteau (ou hachée)

1 oignon

1 bouquet de persil plat

2 jaunes d'œufs

2 cuill. à café de moutarde

2 cuill. à soupe de câpres au vinaigre

2 cuill. à café de sauce Worcestershire

2 cuill. à soupe de ketchup

Quelques gouttes de Tabasco®

4 cuill. à soupe d'huile d'olive vierge extra

Sel et poivre du moulin

Vous pouvez accompagner le tartare classique d'une salade de roquette et de tomates cerises assaisonnée au vinaigre balsamique.

• Lavez et hachez les feuilles de persil ; réservez.

• Pelez et hachez l'oignon ; rincez et égouttez les câpres ; réservez.

• Dans un bol, mélangez la moutarde, les jaunes d'œufs, l'oignon, les câpres, le ketchup, le Tabasco®, la sauce Worcestershire, du sel et du poivre. Ajoutez l'huile d'olive en remuant avec un fouet.

• Versez la préparation sur la viande et mélangez intimement, puis ajoutez le persil et remuez de nouveau.

• Dressez sur 4 assiettes et servez.

Salade de bœuf thaïlandaise à ma façon

Pour 4 personnes

600 g de rumsteck

2 gousses d'ail dégermées

3 tiges de citronnelle

1/2 cuill. à café de poivre noir moulu

3 cuill. à soupe d'huile de pépins de raisin

200 g de tomates cerises

1 concombre moyen

4 oignons nouveaux

1 bouquet de coriandre fraîche

3 cuill. à soupe de sauce de poisson

Le jus de 1 citron vert

2 cuill. à soupe de sauce soja

2 cuill. à café de piments rouges frais, hachés

2 cuill. à café de sucre roux

Quelques feuilles de laitue

La recette originale prévoit de faire revenir la viande dans un peu d'huile pendant 1 minute de chaque côté puis, une fois refroidie, de la couper en lamelles. Les vrais amateurs de viande crue apprécieront ma version.

• Émincez la viande finement et coupez-la en lamelles de 1 cm de largeur environ ; réservez.

• Pelez le concombre et les oignons, lavez les tomates ; réservez.

• Hachez finement l'ail et la citronnelle, et mélangez-les avec le poivre moulu.

• Mélangez intimement la viande avec cette préparation ; réservez.

• Dans un bol, versez la sauce de poisson, celle de soja, le jus du citron vert, les piments rouges hachés et le sucre roux ; remuez jusqu'à ce que ce dernier soit fondu.

• Lavez la laitue, coupez les tomates en deux, le concombre en petits morceaux et émincez finement les oignons nouveaux.

• Disposez la laitue sur un plat de service, ajoutez les tomates cerises, le concombre et les oignons nouveaux. Assaisonnez avec l'huile et mélangez.

• Ajoutez la viande, versez la sauce et parsemez de feuilles de coriandre fraîche.

• Servez aussitôt.

Tartare de bœuf aux pistaches

Pour 4 personnes

600 g de filet de bœuf coupé au couteau (ou haché)

4 jaunes d'œufs

1 bouquet de persil plat

Le jus de 1 citron

4 filets d'anchois à l'huile

50 g d'oignons au vinaigre

30 g de câpres au sel ou au vinaigre

30 g de pistaches

10 gouttes de sauce Worcestershire

1/2 cuill. à café de paprika

Sel et poivre du moulin

Vous pouvez remplacer les pistaches par la même quantité d'amandes grillées et hachées grossièrement.

- Dessalez partiellement les câpres à l'eau froide pendant 10 minutes.

- Grillez les pistaches au four et hachez-les grossièrement ; réservez.

- Lavez les feuilles de persil ; réservez.

- Égouttez et hachez les câpres avec les anchois, les oignons et les feuilles de persil.

- Mettez la viande dans un bol et ajoutez les jaunes d'œufs l'un après l'autre, puis le mélange d'oignons, de persil, d'anchois et de câpres.

- Assaisonnez avec le paprika, la sauce Worcestershire et le jus de citron. Salez et poivrez.

- Divisez cette préparation en 4 parts que vous disposerez sur des assiettes.

- Saupoudrez de pistaches et servez.

Tartare de bœuf au foie gras et huile de truffe

Pour 4 personnes

500 g de filet de bœuf coupé au couteau (ou haché)

1 escalope de 120 g de foie gras de canard

1/2 cuill. à soupe d'huile de truffe blanche

1 cuill. à soupe d'huile de pépins de raisin

30 g de farine

Fleur de sel et poivre du moulin

La truffe d'Albe est originaire du Piémont, en Italie. Choisissez une huile qui en contienne même en petite quantité et évitez les huiles simplement aromatisées au parfum de truffe.

• Mettez la viande dans un saladier, assaisonnez avec l'huile de truffe, l'huile de pépins de raisin, du sel, du poivre et mélangez intimement.

• Couvrez avec du cellophane et réservez au réfrigérateur pendant 30 minutes.

• Sortez le tartare du réfrigérateur, répartissez-le en portions et réservez.

• Farinez l'escalope de foie gras et mettez-la à feu vif dans une poêle antiadhésive très chaude pendant 3 minutes de chaque côté. Salez, éteignez le feu et réservez.

• Mettez le foie gras sur la planche et émincez-le en tranches assez fines que vous répartirez sur les portions de viande. Poivrez de deux tours de moulin et servez.

Tartare de cheval aux haricots blancs

Pour 4 personnes

500 g de viande de cheval coupée au couteau (ou hachée)

300 g de haricots blancs en boîte

1 oignon nouveau moyen

4 cuill. à soupe d'huile d'olive vierge extra

Les feuilles de 1 tige de romarin frais

Sel et poivre du moulin

Cette recette pourtant simple est particulièrement savoureuse grâce à la présence de la viande de cheval et à son subtil goût sucré.

- Lavez et hachez finement le romarin ; réservez.

- Assaisonnez la viande avec 3 cuillerées à soupe d'huile, la moitié du romarin haché, du poivre et du sel ; réservez.

- Pelez et émincez finement l'oignon nouveau.

- Assaisonnez les haricots avec le reste d'huile et de romarin haché, du sel et du poivre.

- Disposez la viande en portions et sur chacune d'entre elles ajoutez les haricots.

- Parsemez avec l'oignon nouveau.

- Ajoutez un filet d'huile d'olive et servez aussitôt.

Conseil : si vous avez le temps achetez des haricots blancs secs, faites-les gonfler dans l'eau pendant une nuit, puis cuisinez-les à l'eau avec une feuille de laurier et un oignon pendant 1 heure environ. Le résultat n'en sera que meilleur.

Tartare de bœuf aux poivrons

Pour 4 personnes

600 g de bœuf coupé
au couteau (ou haché)

2 lanières de 3 cm environ
de poivron jaune

1 lanière de 3 cm environ
de poivron vert

1 lanière de 3 cm environ
de poivron rouge

2 échalotes

10 cornichons

1 bouquet de persil plat frais

2 cuill. à café de moutarde forte

3 cuill. à soupe d'huile d'olive
vierge extra

Sel et poivre du moulin

Vous pouvez également cuire rapidement ce tartare coloré. Pour ce faire, vous grillerez la viande dans une poêle très chaude quelques secondes de chaque côté.

• Lavez les feuilles de persil ; réservez.

• Coupez en dés minuscules les cornichons et les poivrons ; réservez.

• Pelez les échalotes et hachez-les au mixer ; hachez séparément le persil.

• Dans un bol, mélangez intimement les poivrons, les cornichons, les échalotes, le persil, la moutarde, la viande, l'huile, du sel et du poivre.

• Divisez en portions et servez.

Tartare de veau aux épices

Pour 4 personnes

500 g de veau coupé
au couteau (ou haché)

3 oignons nouveaux

2 citrons verts

4 cm de racine de gingembre

2 cuill. à soupe d'huile
de pépins de raisin

2 cuill. à soupe d'huile d'olive
vierge extra

1 cuill. à café de Tabasco®

Quelques brins
de ciboulette ciselés

Fleur de sel et poivre du moulin

Le gingembre apporte une touche un peu exotique à ce tartare, que vous pourrez accompagner de pousses de soja.

- Épluchez et hachez les oignons.
- Épluchez et hachez le gingembre.
- Râpez les zestes des citrons.
- Mettez la viande dans un saladier et incorporez les oignons, le gingembre, le zeste des citrons, le Tabasco®, l'huile d'olive, l'huile de pépins de raisin, du sel et du poivre.
- Mélangez intimement et mettez la préparation au réfrigérateur pendant 30 minutes environ.
- Divisez en portions, parsemez de ciboulette et servez.

Tartare de magret de canard aux noisettes

Pour 4 personnes

2 magrets de canard

2 cuill. à soupe de câpres au sel (ou au vinaigre)

60 g de noisettes (poids net)

1 cuill. à café de moutarde forte

1 bouquet de persil plat

2 cuill. à soupe d'huile de pépins de raisin

1 cuill. à soupe de whisky

Sel et poivre du moulin

Ce tartare insolite se marie très bien avec l'arôme du whisky qui en exalte la saveur.

• Dessalez partiellement les câpres pendant 10 minutes à l'eau froide ; réservez.

• Lavez les feuilles de persil et mixez-les ; réservez.

• Faites griller les noisettes au four sans matière grasse, laissez-les partiellement refroidir, frottez-les entre les mains pour leur enlever la peau et mixez-les assez grossièrement.

• Ôtez la peau du canard, coupez la viande en aiguillettes, puis en dés réguliers. Mettez dans un saladier.

• Ajoutez l'huile, la moutarde, les câpres, le whisky, du sel, du poivre et le persil.

• Mélangez intimement et mettez au réfrigérateur pendant 1 heure au moins.

• Sortez le tartare du réfrigérateur, ajoutez les noisettes concassées et mélangez.

• Divisez le tartare en portions et servez aussitôt.

Tartare de bœuf, chips d'artichaut et parmesan

Pour 4 personnes

500 g de viande de bœuf hachée

4 artichauts poivrade

100 g de parmigiano reggiano en copeaux

Le jus de 1 citron

6 cuill. à soupe d'huile d'olive vierge extra + 1 filet pour l'assaisonnement final

Sel de Guérande et poivre du moulin

L'artichaut poivrade délicatement aromatique se marie très bien cru avec le tartare de bœuf.

- Enlevez les feuilles extérieures et fibreuses des artichauts.

- Taillez l'extrémité de la queue en biseau, coupez-les en deux dans le sens de la longueur, ôtez le foin et émincez-les très finement ; réservez.

- Mixez l'huile d'olive avec le jus de citron, du sel et du poivre.

- Mettez la viande dans un saladier et assaisonnez avec la vinaigrette. Mélangez intimement et réservez.

- Dressez la viande sur 4 assiettes à l'aide d'un cercle, puis ajoutez les artichauts et le parmesan.

- Arrosez d'un filet d'huile d'olive, ajoutez quelques tours de poivre du moulin et servez.

Secrets de cuisine

• Si les tartares de viande et de poisson prévoient une marinade, gardez-la au réfrigérateur une dizaine de minutes avant de servir.

• Préférez les herbes fraîches à celles séchées : elles sont plus parfumées.

• Tartare haché ou au couteau ? Les avis en la matière divergent et ils sont tout aussi respectables les uns que les autres. Personnellement, je préfère le tartare de viande et de poisson coupé au couteau, car la texture est alors très différente et on y apprécie mieux les qualités organoleptiques de la matière première. Vous pouvez demander à votre boucher de couper la viande au couteau ou vous coupez vous-même le morceau de viande en lamelles, puis en dés à l'aide d'un couteau bien aiguisé.

Sauce pistou légère

1 bouquet de persil plat
2 bouquets de basilic
1 gousse d'ail dégermé
Huile d'olive vierge extra
Sel

• Lavez et hachez les feuilles de basilic et de persil avec l'ail, du sel et suffisamment d'huile pour obtenir une sauce semi-liquide.

Tartare à l'italienne

500 g de viande de bœuf
4 cuill. de câpres
12 filets d'anchois de Collioure à l'huile
1 oignon blanc de taille moyenne
1 botte de persil plat
2 œufs durs
4 jaunes d'œufs

• Lavez et hachez les feuilles de persil plat ; réservez.

• Pelez et hachez finement l'oignon ; réservez.

• Hachez les anchois et les œufs durs séparément ; réservez.

• Mélangez tous les ingrédients avec la viande et divisez en portions.

• Sur chacune d'entre elles, déposez 1 jaune d'œuf et servez.

Sauce à la mangue pour tartare de bœuf

1 mangue mûre
500 g de tomates cerises
3 brins de coriandre fraîche
12 petits oignons nouveaux
1 citron vert
1 citron jaune
Quelques gouttes de Tabasco®
2 cuill. d'huile d'olive vierge extra
Sel

• Lavez, coupez en deux les tomates cerise, épépinez-les.
• Pelez et coupez la mangue en petits dés.
• Coupez en très petits dés les oignons et les tomates.
• Ciselez la coriandre.
• Pressez les citrons.
• Mélangez tous les ingrédients, ajoutez du sel, quelques gouttes de Tabasco®. Laissez reposer la sauce quelques heures au réfrigérateur, puis assaisonnez la viande de bœuf.

Sauce au gingembre pour tartares de daurade et de thon

3 cm de racine de gingembre frais
3 cuill. d'huile d'olive
Le jus de 1 citron
Sel et poivre fraîchement moulu

• Pelez, grattez le gingembre et extrayez-en le jus dans un bol à l'aide d'un presse-ail.
• Ajoutez l'huile, le jus de citron, du sel et du poivre. Fouettez la sauce à l'aide d'une fourchette.
• Versez cette sauce sur 500 g de filets de daurade et de thon coupés en petits dés.

Index des recettes